Camiones de correos

Julie Murray

MI COMUNIDAD: VEHÍCULOS

Abdo Kids

abdopublishing.com

Published by Abdo Kids, a division of ABDO, PO Box 398166, Minneapolis, Minnesota 55439.
Copyright © 2017 by Abdo Consulting Group, Inc. International copyrights reserved in all countries.
No part of this book may be reproduced in any form without written permission from the publisher.

Printed in the United States of America, North Mankato, Minnesota.

102016

012017

THIS BOOK CONTAINS
RECYCLED MATERIALS

Spanish Translator: Maria Puchol

Photo Credits: Alamy, Corbis, iStock, Shutterstock, ©Tupungato p.7, ©Julie Clopper p.21,
©Greg K_ca p.22, ©Leonard Zhukovsky p.22,23 / Shutterstock.com

Production Contributors: Teddy Borth, Jennie Forsberg, Grace Hansen

Design Contributors: Candice Keimig, Dorothy Toth

Publisher's Cataloging-in-Publication Data

Names: Murray, Julie, author.

Title: Camiones de correos / by Julie Murray.

Other titles: Mail trucks. Spanish

Description: Minneapolis, MN : Abdo Kids, 2017. | Series: Mi comunidad:
vehículos | Includes bibliographical references and index.

Identifiers: LCCN 2016947556 | ISBN 9781624026461 (lib. bdg.) |
ISBN 9781624028700 (ebook)

Subjects: LCSH: Postal service--United States--Transportation, Automotive--
Juvenile literature. | Spanish language materials--Juvenile literature.

Classification: DDC 629.223--dc23

LC record available at http://lccn.loc.gov/2016947556

Contenido

Camión de correos

Mara está esperando que llegue el correo. ¡Por ahí viene el camión!

El camión es blanco. Tiene una
raya azul y una raya roja.

Tiene un **logotipo**.

Es un águila.

4316066

www.usps.com

www.usps.com

9

El cartero conduce el camión y reparte el correo.

El volante está a la derecha para poder alcanzar los buzones.

13

El correo se guarda en la parte trasera. Está bien **organizado**.

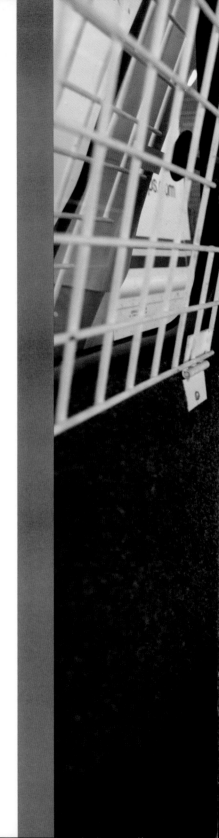

El camión también **recoge** el correo y lo lleva a la oficina de correos.

4315782

www.usps.com

UNITED STATES
POSTAL SERVICE

ATTENTION

Los camiones de correos funcionan seis días a la semana. ¡Los domingos no hay correo!

¿Has visto alguna vez un camión de correos?

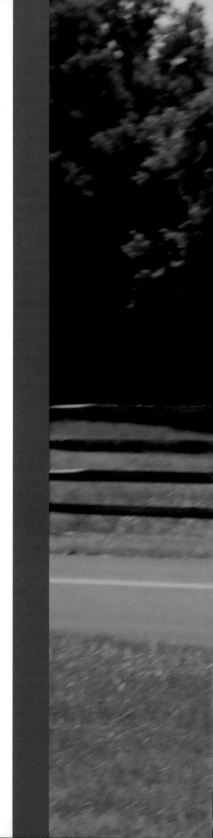

Partes de un camión de correos

logotipo

rayas

luces

volante

Glosario

logotipo
símbolo o diseño que representa
a una organización.

recoger
juntar.

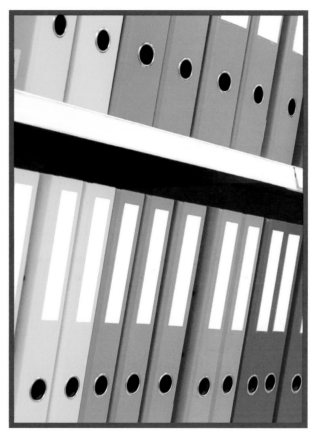

organizado
arreglado de cierta manera.

Índice

abdokids.com

¡Usa este código para entrar en abdokids.com y tener acceso a juegos, arte, videos y mucho más!

Código Abdo Kids:
MMK1316

24